EXPERIMENTANDO A DIOS A TRAVÉS DE LA ORACIÓN

MADAME JEANNE GUYON

WHITAKER
HOUSE
Español

Traducción al español por:
Belmonte Traductores
www.belmontetraductores.com

Edición: Ofelia Pérez

Experimentando a Dios a través de la oración

©2024 por Jeanne Guyon
ISBN: 979-8-88769-106-0
eBook ISBN: 979-8-88769-107-7

Impreso en los Estados Unidos de América.

Whitaker House
1030 Hunt Valley Circle
New Kensington, PA 15068
www.whitakerhouse.com

Por favor envíe sugerencias sobre este libro a: comentarios@whitakerhouse.com.

1 2 3 4 5 6 7 8 9 10 11 ⦿ 31 30 29 28 27 26 25 24

CONTENIDO

INTRODUCCIÓN

Este libro de la señora Jeanne Guyon es un tesoro de sabiduría espiritual. Contiene ricas pepitas de verdad que solamente le podrían haber sido reveladas por el Espíritu de Dios.

Durante años hemos visto que se ha tenido en gran estima el nombre de Jeanne Guyon en los escritos de líderes en el cristianismo como Andrew Murray, Watchman Nee, Hudson Taylor y Jesse Penn-Lewis.

Al no poder encontrar ninguno de sus escritos, comenzamos una búsqueda nacional esperando descubrir alguno de sus primeros manuscritos. Cuando finalmente encontramos este libro, supimos inmediatamente que debía ser compartido de nuevo para los cristianos de nuestro siglo.

La señora Guyon fue una sierva especial del Señor. Habiendo vivido en una sociedad decadente y tras ser encarcelada por su devoción abierta a Dios, escribió palabras de exhortación e inspiración que instaban a hombres y mujeres a apartarse de lo terrenal y a perseverar para conocer a Dios.

Aunque la estructura de las frases y el lenguaje se han revisado para el lector actual, las profundas verdades permanecen intactas.

Es nuestra esperanza que usted, el lector, no solo experimente la presencia de Dios de un modo nuevo y maravilloso, sino que también desee compartir estas verdades con otras personas.

PREFACIO

Este sencillo libro nunca se escribió con la intención de ser publicado. Fue escrito para unos pocos individuos que tenían el deseo de amar a Dios con todo su corazón. Debido a la gran bendición que recibieron al leer el manuscrito, pidieron copias adicionales, y por ese motivo estuve de acuerdo en publicarlo.

Someto mis escritos al juicio de cristianos experimentados y formados. No critico la guía divina de otros; por el contrario, solo refuerza las enseñanzas que he recibido.

Es mi intención a través de la escritura de este libro influenciar al mundo para que ame a Dios y lo sirva con éxito.

Sin embargo, he escrito de una manera sencilla y fácil para que incluso las personas sin formación ni entrenamiento deseen estar verdaderamente dedicadas a Dios.

Si lees sin prejuicios, encontrarás una unción secreta escondida en las expresiones más comunes que te llevará a buscar la felicidad que todos pueden y deberían disfrutar.

La perfección se alcanza fácilmente cuando buscamos a Dios dentro de nosotros mismos. Algunos lectores quizá no estén de acuerdo y recurran a Juan 7:34: *Me buscaréis, y no me hallaréis.* Sin embargo, Mateo 7:7 dice: *Buscad, y hallaréis.*

Dios no se contradice a sí mismo. Es cierto que el que busca a Dios, pero no quiere abandonar el pecado, no lo encontrará; sin embargo, el que lo busca y abandona el pecado, ciertamente lo hallará.

A menudo, algunas personas se desalientan a la hora de dar ese primer paso porque la santidad les asusta y la oración contestada parece difícil de obtener. Pero cuando entiendas cuán fácil es orar y encontrar gozo, disfrutarás mucho de la oración. El propósito de este libro es, por lo tanto, disipar cualquier mito y hablar sobre las ventajas de la oración.

Si tan solo supiéramos cuánto nos ama Dios y cuánto desea comunicarse con nosotros, no pondríamos normas inalcanzables para nosotros mismos, ni tampoco nos desanimaríamos de pedir cosas buenas a Dios. Después de todo, es su intenso deseo darnos cosas buenas. *El que no escatimó ni a su propio Hijo, sino que lo entregó por todos nosotros, ¿cómo no nos dará también con él todas las cosas?* (Romanos 8:32).

Tenemos la valentía y la perseverancia suficientes para nuestras preocupaciones en este mundo, pero en la esfera espiritual solo una cosa es necesaria: debemos ser más como María y menos como Marta. Jesús nos dice: *Pero solo una cosa es necesaria; y María ha escogido la buena parte, la cual no le será quitada* (Lucas 10:42). Se refería a que María tenía sus prioridades centradas en conocer y escuchar a Jesús. Si eres una de esas personas que creen que no es fácil encontrar a Dios, solo te pido que escuches mi testimonio y después pruebes este método por ti mismo.

Tu propia experiencia te convencerá más que cualquier descripción que yo pueda darte.

Querido lector, estudia este libro con un espíritu sincero y una mente humilde. Si lees para criticar, no conseguirás beneficiarte de él. Es mi deseo que, a medida que lo lees, desees dedicarte por completo a Dios.

Dios se entristece mucho por la falta de confianza entre sus hijos; pero se deleita cuando acudimos a Él con la confianza sencilla de un niño.

Por lo tanto, para tu propia salvación, busca solamente encontrar el amor de Dios, y sin duda lo obtendrás. El resultado de seguir al Señor te producirá mucha felicidad.

Este libro se escribió para instruirte en la oración, no pretende ofender. Aquellos que desean seriamente conocer la verdad la encontrarán.

—*Jeanne Guyon*

1

SED DE DIOS

Cualquiera es capaz de orar, pero muchos tienen la idea equivocada de que no son llamados a la oración. Así como somos llamados a la salvación, somos llamados a la oración.

La Escritura nos insta: *Orad sin cesar* (1 Tesalonicenses 5:17). La oración no es otra cosa que dirigir nuestros corazones hacia Dios y recibir su amor a cambio.

Meditar en la Palabra de Dios en oración es algo deseable pero conocido por pocos. Para quienes buscan la salvación, la oración meditativa no es lo que Dios requiere de ti o lo que yo te recomendaría.

¿Tienes sed de esa agua viva que Jesús prometió cuando dijo: *Si alguno tiene sed, venga a mí y beba* (Juan 7:37)?

¿Estás cansado de sentirte como esas *cisternas rotas que no retienen agua* (Jeremías 2:13)?

Entonces vengan, almas hambrientas; ¡vengan y sean llenas!

Vengan, traigan su aflicción, dolor y miseria, ¡y serán reconfortados!

Vengan ustedes que están enfermos y llenos de dolencias, ¡y serán sanados!

Vengan, acérquense a su Padre, ¡quien desea abrazarlos en sus brazos de amor!

Vengan ustedes, las pobres ovejas errantes, ¡de regreso al Pastor!

¡Vengan, pecadores, a su Salvador!

Vengan ustedes, ¡los que no conocen las cosas espirituales! ¡No se crean incapaces de orar!

¡Que todos, sin excepción, vengan! Pues Jesucristo los ha llamado a todos.

Sin embargo, los que no tienen un corazón rendido están excusados, porque debe haber un corazón rendido ante Él para recibir su amor.

Ven, pues, entrega tu corazón a Dios y aprende los caminos de la oración.

Para aquellos que tienen el deseo, es fácil orar. El Espíritu Santo ha capacitado a personas comunes para hacer grandes oraciones mediante sus dones y su gracia.

La oración puede ayudarte a lograr la perfección porque te mantendrá en la presencia de Dios. Génesis 17:1 dice: *Anda delante de mí y sé perfecto.* Somos acercados a su presencia y mantenidos allí continuamente a través de la oración.

Sin embargo, solo hay un requisito que debes seguir en todo momento, que no interferirá con acciones externas y puede ser practicado por príncipes, reyes, sacerdotes, soldados, niños y trabajadores.

Este sencillo requisito es que debes aprender a orar desde tu corazón y no desde tu cabeza.

El motivo de eso es que la mente humana es tan limitada en esta operación, que solo puede enfocarse en un objetivo al mismo tiempo; pero la oración ofrecida desde el corazón no puede ser interrumpida por la razón. Nada puede interrumpir esta oración excepto poner tu afecto en algo equivocado; sin embargo, cuando has disfrutado a Dios y la dulzura de su amor, será imposible que pongas tu afecto en nada que no sea Él.

Me ha resultado sencillo tener la presencia de Dios, pues Él desea estar más presente para nosotros de lo que nosotros deseamos buscarlo. Él desea entregarse sin reparo a nosotros mucho más de lo que nosotros deseamos recibirlo. Solamente necesitamos saber cómo buscar a Dios, y eso es más fácil y más natural que respirar.

Oh, queridos, no se consideren un fracaso. Por la oración, podemos vivir en la presencia de Dios con tan poco esfuerzo como vivimos con el aire que respiramos.

¿No es pecado ser negligentes en la oración? Pero no tenemos por qué vivir de ese modo cuando hemos aprendido este sencillo método.

Preparemos nuestros corazones ahora al comenzar nuestro estudio sobre la oración.

2

MEDITACIÓN BÍBLICA

Hay dos maneras de introducirte a la oración: una es meditando en la Palabra, y la otra es leyendo la Palabra y después meditando en oración.

Meditar en la Palabra de Dios simplemente significa tomar una parte de la Escritura y comenzar el siguiente procedimiento: lee solo una pequeña sección y permite que el pasaje sea "digerido" antes de ir a otro.

Extrae el máximo significado, piénsalo a fondo, trata de relacionarlo con pasajes similares, apréndelo de memoria. Después de haber examinado profundamente el pasaje, procede a tomar otro y haz lo mismo.

Intenta no leer más de media página cada vez. No es la cantidad de Escritura que lees sino la calidad lo que te será de beneficio.

Aquellos que son lectores rápidos no obtienen mayores beneficios que los de una abeja que acaricia la superficie de una flor en lugar de penetrar en ella para extraer el polen.

La lectura rápida puede usarse para otros temas, pero no para extraer verdad divina.

Para recibir el beneficio de la Palabra, debes leer como he descrito. Estoy segura de que, al hacerlo así, habrás hecho de la meditación en la Palabra un hábito que te hará crecer como cristiano.

En la alimentación física no recibes nutrición hasta que masticas y tragas la comida. Los alimentos pueden saber bien en la boca al disfrutar su sabor, pero es al tragar y digerirla cuando benefician al organismo.

En un acto de amor, lleno de respeto y confianza en Dios, traga el bendito alimento espiritual que Él te ha dado. Esto causará que te conviertas en un cristiano maduro.

Que esto sirva como una palabra de advertencia para principiantes: no vayas saltando de verdad en verdad y de tema en tema.

La manera correcta es permitir que cada verdad individual se medite mientras su dulce sabor está fresco. No llenarías tu boca con otro bocado de comida hasta que has tragado el anterior, y la verdad bíblica debe ser digerida de igual forma.

A medida que formes el hábito de meditar en la Palabra de Dios, será más fácil para ti recordar otros versículos de la misma naturaleza. Esto incrementará aún más tu capacidad para hacer real la Palabra de Dios en tu vida.

El segundo método es aprender a orar la Palabra.

Cuando acudes a Dios en oración, abre tu Biblia donde has estado meditando. Recuerda en este punto que tu objetivo principal es enfocarte en la presencia de Dios. El versículo bíblico evitará que tu mente se desvíe a otras cosas.

Este método de oración pueden usarlo incluso quienes tienen poca fe, porque protegerá la mente de distracciones. De este modo, incluso una pequeña cantidad de fe parecerá más grande en proporción al ser vista por sí misma.

Amado, Dios ha prometido que Él vendrá y hará su morada con aquel que hace su voluntad (ver Juan 14:23). Él ha prometido habitar en nuestro ser interior: el nuevo lugar santísimo.

San Agustín se culpó a sí mismo en una ocasión por todo el tiempo perdido intentando encontrar la voluntad de Dios cuando, desde el principio mismo, él podría haberla encontrado al aplicar este modo de orar la Palabra.

Cuando has entrado en un espíritu de paz y estás plenamente consciente de la presencia de Dios; cuando las distracciones terrenales no son tus principales pensamientos; cuando tu alma se ha alimentado apropiadamente de la Palabra de Dios y has decidido por un acto de tu voluntad creerla, entonces estás preparado para comunicarte con tu Padre celestial.

Oh, tú que deseas un caminar más profundo con Dios, ven, entra en su presencia a través de su Palabra.

Es el deseo de Dios comunicarte quién es Él, impartirte gracia abundante, y permitirte disfrutar de su presencia.

3

COMENZANDO EL VIAJE

Comencemos ahora a practicar el orar la Palabra de Dios usando como ejemplo la oración del Padre nuestro en Mateo 6:9-13.

Querido lector, desde el comienzo debes aprender esta verdad fundamental: cuando Jesús oraba para que el reino de Dios viniera, recuerda que dijo: *El reino de Dios está entre vosotros* (Lucas 17:21).

Antes de que invitáramos a Jesús a entrar en nuestro corazón, éramos pecadores perdidos. La única promesa disponible para nosotros era que la paga de nuestro pecado era la muerte (ver Romanos 6:23).

Pero ahora que nos hemos arrepentido de nuestro pecado, hemos acudido a Cristo para ser limpios de este, y le hemos invitado a que habite con nosotros. Él ha traído consigo el reino de Dios con todos sus beneficios y promesas.

Diré algo ahora para quienes están en el ministerio. Sé que muchos de ustedes les dicen a sus feligreses lo que les aguarda al final de sus vidas terrenales; sin embargo, a menudo no dan instrucciones claras o suficientes sobre cómo obtenerlo.

Hagan que los pasos hacia la salvación sean comprendidos incluso por los menos educados en su congregación. Su atención debe estar solo en Jesucristo.

Después, con un acto de profunda adoración delante de Dios, enseñen a su gente cómo encontrarlo a Él en oración. Díganles cómo acallarse internamente, cómo proteger sus mentes de divagar, y cómo edificar su fe en Dios meditando en su Palabra.

Ahora, veamos juntos la oración del Padre Nuestro y sopesemos el significado de las palabras.

Medita en las palabras: *Padre nuestro* (Mateo 6:9). Dios ha tomado la iniciativa de invitarte a ser su hijo. Él desea ser tu Padre. Derrama el deseo de tu corazón a Él.

Ahora, espera unos minutos en silencio delante de Él. Permite siempre un tiempo en silencio al orar por si acaso tu Padre celestial quiere revelar su voluntad.

Acércate al Padre como un niño débil, sucio y herido por caídas repetidas, incapaz de mantenerse en pie o de limpiarse a sí mismo. Permite al Padre ver tu confusión, y después incluye unas palabras de amor o de pesar por pecados del pasado y, en silencio, sumérgete de nuevo en Él.

Continúa con la oración del padrenuestro de la misma manera. Ruega al Rey de gloria que reine en ti, abandónate a Dios para que Él haga una obra completa en ti. Reconoce su derecho a gobernar sobre ti.

Si sientes que deberías permanecer tranquilo y en silencio en lugar de continuar con la oración, hazlo así.

Entonces, cuando estés listo, continúa con la segunda petición: *Venga tu reino. Hágase tu voluntad, como en el cielo, así también en la tierra* (Mateo 6:10). Pídele a Dios que haga su voluntad en la tierra en ti y a través de ti. Pon tu libertad y tu voluntad en sus manos para que Él disponga de ellas como desee.

Cuando descubras que la voluntad de Dios para ti es ser alguien que ama, desearás amar. Lo buscarás primero por su amor con el cual amar a otros.

No te cargues con repeticiones frecuentes de fórmulas estándar u oraciones estudiadas. Cuando meditas en la oración del padrenuestro solo una vez y después la expresas en oración al Padre, producirá más fruto que palabras repetidas sin significado.

Cuando llegues al versículo: *El pan nuestro de cada día, dánoslo hoy* (v. 11), sitúate como una oveja delante de tu Pastor y búscalo para obtener alimento. "Oh, divino Pastor, sé tú mismo el alimento para tu rebaño. Tú eres sin duda nuestro pan de cada día".

Dile todo al Padre sobre las necesidades de tu familia, pero hazlo recordando el gran principio de la fe: Dios está en nosotros.

Al orar, no formes ninguna imagen de Dios en tu mente, pues todas nuestras imaginaciones de Dios no son válidas. Puedes, sin embargo, recordar a Jesucristo en su nacimiento o su crucifixión, siempre y cuando lo busques en su estado resucitado.

Tal vez, en algunas ocasiones acudes a Él necesitando un médico. En esos casos, acude sin carga mental porque Él tiene el poder sanador para todas nuestras enfermedades. No necesitas esforzarte en oración, simplemente ríndete a la obra de Dios en ti hasta que Él termine su obra.

A medida que experimentes con la oración de este modo, conocerás un caminar más profundo con Dios del que has conocido nunca. Disfrutarás esos tiempos de descanso y tranquilidad en su presencia.

Esto es alcanzable para todos los que buscan a Dios con fervor. El único requisito es comenzar.

4

LA RECOMPENSA DEL SILENCIO

Ahora ya estás listo para conocer otro aspecto de la oración que simplemente llamaré la oración de fe y quietud.

Después de haber estado meditando en la Palabra y declarándola ante Dios en oración durante algún tiempo, descubrirás gradualmente que es muy fácil entrar en su presencia, recordarás otras escrituras con menos dificultad, y la oración se habrá convertido en algo fácil, dulce y placentero.

Ahora has hallado la verdadera manera de encontrar a Dios y que *su nombre es como ungüento derramado* (Cantar de los Cantares 1:3).

Ahora quisiera que ores de una manera un poco diferente. Debes comenzar a usar tu fe y valentía sin que te molesten las dificultades que puedas enfrentar.

En primer lugar, tan pronto como acudes a la presencia de Dios, permanece por un tiempo en respetuoso silencio.

Permanece en su divina presencia sin preocuparte por ningún motivo de oración. Únicamente disfruta a Dios.

Cuando sientas libertad, entonces comienza a orar. Sin embargo, si todavía sientes un suave impulso en tu espíritu de que estés en silencio en su presencia, hazlo a toda costa. Deja toda actividad para que la presencia de Dios no sea mermada por estas.

Luego yo recomendaría a todos ustedes que, al terminar en su oración, permanezcan un poco más de tiempo en respetuoso silencio.

No busques nada de Dios en esos momentos tranquilos excepto amarlo y agradarlo. Un siervo que pone todo su empeño en su trabajo solo por la recompensa no la merece.

Por lo tanto, ve a tu lugar de oración no solo para disfrutar placeres espirituales, sino simplemente para agradar al Padre.

Esto mantendrá tu espíritu en serenidad y consuelo.

5

SOBREVIVIENDO A ÉPOCAS DE SEQUÍA

Aunque Dios no tiene otro deseo que darse a ti, Él a menudo se oculta por un motivo. Puede ser para despertarte de la pereza, o tal vez porque no lo has estado buscando con fe y amor.

Sea cual sea la razón, Él lo hace por su gran bondad y fidelidad para contigo. A menudo, estas aparentes retiradas de Dios van seguidas de las caricias de su amor.

Durante estas épocas, puedes empezar a creer que el modo de demostrar tu fe es a través de un mayor nivel de emoción o por una demostración de fuerza y actividad. Piensas: de seguro eso hará que Dios me visite de nuevo.

No, querida alma; créeme, ésa no es la manera. Debes esperar el regreso del Amado con amor paciente, humildad, paz y adoración en silencio.

Al hacer estas cosas, le demuestras al Padre que lo buscas solamente a Él y el deleite de su presencia, y no los placeres egoístas de tu propia satisfacción.

No seas impaciente en tus tiempos de sequía, espera pacientemente a Dios. Al hacerlo, tu vida de oración se incrementará y se renovará.

Aprende a esperar el regreso de tu Amado en rendición y contentamiento. Intercala tu espera con suspiros de amor. Esta conducta sin duda agradará a Dios y provocará su regreso.

6

EL CAMINO A LA PERFECCIÓN

Quisiera que ahora comiences a aprender cómo abandonarte: cómo abandonar tu existencia completa a Dios. Cada momento de cada día debes darte cuenta de que estás bajo la voluntad inmediata de Dios.

Saber y entender esta convicción de abandono hará que consideres todo lo que se cruza en tu camino como de parte de la mano del Padre.

Amado lector, una vez que te hayas entregado a Dios así, no te retires de su mano tú mismo. Recuerda que un regalo que se ha entregado ya no está a disposición del que lo dio.

La rendición es una cuestión de gran importancia en nuestro avance. Es la clave para entrar al atrio interior. El que sabe cómo abandonarse a Dios está en el camino a la perfección.

Por lo tanto, no escuches otras voces de la razón que pueden confundirte. Permanece firme. Una gran fe produce una gran rendición.

Sé como Abraham, que *creyó en esperanza contra esperanza* (Romanos 4:18).

Abandonarse significa desechar todas nuestras preocupaciones egoístas para estar completamente a disposición de Dios. Cada uno de nosotros es exhortado a rendirse así.

Así que, no os afanéis por el día de mañana (Mateo 6:34).

Vuestro Padre celestial sabe que tenéis necesidad de todas estas cosas (Mateo 6:32).

Reconócelo en todos tus caminos, y él enderezará tus veredas (Proverbios 3:6).

Encomienda a Jehová tus obras, y tus pensamientos serán afirmados (Proverbios 16:3).

Encomienda a Jehová tu camino, y confía en él; y él hará (Salmos 37:5).

Debes renunciar a ambas cosas, las externas y las internas; todas tus preocupaciones deben ser entregadas en las manos de Dios. Olvídate de ti mismo, y piensa solo en Él. Al hacer eso, tu corazón permanecerá libre y en paz.

Es fundamental someter continuamente tu voluntad a la voluntad de Dios y renunciar a cada inclinación personal tan pronto como aparece, sin importar cuán buena aparente ser. Debes desear solamente lo que Dios ha deseado desde la eternidad. Olvida el pasado, y dedica el presente a Dios. Está satisfecho con el momento presente que te acerca el orden eterno de Dios. No atribuyas nada de lo que te ocurre como si viniera de las personas, sino considera todo, excepto el pecado, como si viniera de Dios.

Ríndete a dejarte guiar y a que Dios disponga de ti como Él quiera con respecto a tu estado interior y exterior.

7

LO AMARGO Y LO DULCE

Sed pacientes, amados, durante el sufrimiento. Mediante su sufrimiento en el Calvario fue como Jesús dio la mayor muestra de amor.

No sean como aquellos que se dan a Jesús una temporada tan solo para alejarse de Él en otra. Se entregan a Él solamente para ser cuidados, pero en tiempos de dificultad acuden a las personas para encontrar consuelo.

No, amigos amados, no encontrarán consuelo en nada que no sea el amor de la cruz y una rendición total. Si no saboreas la cruz, no puedes saborear las cosas de Dios (ver Mateo 16:23).

Es imposible amar a Dios sin amar la cruz; si saboreas la cruz, encontrarás dulces aún las cosas más amargas.

Pero al hambriento todo lo amargo es dulce (Proverbios 27:7), porque se encuentra a sí mismo hambriento de Dios en la misma proporción en que está hambriento por la cruz.

Dios nos da la cruz, que a su vez nos da a Dios. La rendición y la cruz van de la mano.

Tan pronto como se te presente algo en forma de sufrimiento y comiences a sentir resistencia en tu espíritu, ríndete inmediatamente a Dios. Entrégate a Él en sacrificio y entrégale tus circunstancias.

Entonces, cuando llegue la cruz, la carga no será tan pesada porque te habrás encomendado a ella. No quiero decir, sin embargo, que no sentirás el peso de la cruz. Si no sientes la cruz, no sufres. La respuesta al sufrimiento es una de las partes más importantes del sufrimiento en sí.

Jesucristo mismo eligió soportar la mayor severidad de la cruz.

A veces llevamos la cruz con debilidad, y otras veces con fuerza; sin embargo, es igualmente la voluntad de Dios para nosotros.

Ríndete a Dios y confía en Él, y Él producirá cosas buenas para ti y gloria para Él.

Jesús dijo: *Yo soy el camino, y la verdad, y la vida; nadie viene al Padre, sino por mí* (Juan 14:6).

Por lo tanto, abandónate en Jesús. Síguelo como el Camino, espera que Él te revele verdad, y permítele que te dé vida.

La rendición y el abandono son los medios que Dios usa para revelarnos sus misterios.

Llevar las marcas de Jesucristo es mucho más importante que solamente meditar en ellas. Pablo dijo: *Yo traigo en mi cuerpo las marcas del Señor Jesús* (Gálatas 6:17). No dijo que únicamente pensaba en ellas; dijo que las llevaba en su cuerpo.

A medida que te rindas a Jesús, Él te revelará esas marcas. No tienes otra elección sino seguirlo, permanecer en Él, hundirte en la nada delante de Él.

Acepta sin prejuicios todos sus regalos, sean dulces o amargos. Que nada aminore tu marcha ni por un momento.

- Dios tal vez aparte a algunos de ustedes, incluso durante algunos años, para revelarles la maravilla de un solo misterio. Entonces, caminen en la luz que Él les da.

Pero si Dios escoge retirar esta iluminación de ti, debes estar dispuesto a entregársela de nuevo de la misma manera.

Sé que al principio algunos pueden sentirse incapaces de meditar en los misterios que Dios les revele en su Palabra, pero no tengamos miedo de entrar en todo lo que Dios tiene para nosotros.

Si amas a Dios de corazón, amarás todo lo que le pertenece.

8

AMOR TRANSFORMADOR

San Agustín dijo una vez: "Ama a Dios, y luego haz lo que te agrade". Si obedeces el mandamiento de Jesús que dice: *Amarás al Señor tu Dios con todo tu corazón, y con toda tu alma, y con toda tu mente... y... amarás a tu prójimo como a ti mismo* (Mateo 22:37, 39), entonces estarás seguro de que, cuando ores, lo harás en la voluntad de Dios.

Sabes que, cuando amas a alguien, solo quieres lo mejor para esa persona. Herir u ofender a tu ser querido no pasa por tu mente.

Pues bien, el amor se manifiesta en tu vida como resultado de tu cercanía con Dios, porque Él es *todo amor*.

Cuando Dios viene a vivir dentro de nosotros, trae consigo todas sus virtudes, toda su bondad. Cuanto más le permitimos que nos posea, tanto más poseemos su bondad superior y su amor.

Para que el amor sea genuino y permanente, debes poseer estas características de Dios. Por su gracia, Él debe dártelas; o de lo contrario, tu amor humano es como una máscara que usas solo para aparentar. *Toda gloriosa es la hija del rey en su morada* (Salmos 45:13).

Dios es extremadamente celoso en cuanto a sus hijos; no les permite caminar en falsedad. Aquellos que conocen a Dios practican su amor superior hacia otros sin hacer un esfuerzo consciente, pues llega a ser natural para ellos.

Si el amor divino brilla en ti, no tratarás de huir del sufrimiento ni de la adversidad, solo pensarás en cómo agradar a tu Amado en esa circunstancia.

Olvídate de ti mismo y de tus propias ambiciones personales, y deja que tu amor por Dios aumente. Al hacer eso, aprenderás a amar al Creador más que a lo creado.

Amigo, qué sencilla es esta verdad. Incluso quienes no han estudiado pueden aprender a vivir en amor.

Mi propio corazón se carga cuando pienso en cuán fácilmente sería transformada toda la Iglesia si tan solo amase. Pero ¿lo hará?

¿Lo harás tú?

9

DESPÓJATE DE LO VIEJO

Ahora quisiera dirigirme a los amados que todavía tienen problemas con su vieja naturaleza y sus deseos.

No te desalientes.

Las Escrituras nos dicen que, cuando Dios vino a vivir en nosotros a través del Espíritu Santo, *nos despojamos del viejo hombre con sus hechos, y revestido del nuevo, el cual conforme a la imagen del que lo creó se va renovando hasta el conocimiento pleno* (Colosenses 3:9-10).

Te darás cuenta de que estarás luchando contra tu vieja naturaleza carnal mientras estés aún en tu cuerpo humano, pues es prácticamente imposible conseguir la muerte total de tus sentidos y pasiones.

El motivo de esto es evidente. Mientras estás aún en tu cuerpo terrenal, tus sentidos estimulan tus pasiones. Un cuerpo muerto no tiene sensaciones y no desea nada.

Todos los intentos por corregir solo lo externo conducen al alma a una actividad todavía más vertiginosa. En lugar de vencer los problemas que impone la vieja naturaleza, esta hiperactividad solo parece provocar vidas rotas, que se redirigen a sentimientos muy duros hacia uno mismo.

Depender de tus sentidos para guiarte solo provoca y alimenta tus pasiones internas. Cuanto más pones el enfoque en las actividades de la propia naturaleza, tanto más parecen florecer y aumentar.

La severidad y la negación de los deseos solo sirven para debilitar tu cuerpo en lugar de apagar o eliminar la actividad de tus sentidos.

Los únicos medios verdaderos para producir cambios son los medios internos. Debes encomendarte por completo a las manos de un Dios de amor. Este simple hecho de encomendarte a Él en cada circunstancia en la que el yo actúa producirá, con el tiempo, una separación entre lo carnal y lo espiritual.

Cuanto más se acerca tu espíritu a Dios, más se aleja de las demandas del alma. Cuando Dios responde a tus deseos de rendirte enviando su gracia, tu naturaleza externa (tu propia naturaleza) es debilitada y obedece fácilmente a la voluntad de Dios.

Ahora bien, permíteme decir algo sobre ser introspectivo. Morir a tu vieja naturaleza es un mandamiento de Dios. Juega un papel vital en tu relación con Él y con los demás.

Sin embargo, una mirada interna constante nunca debería ser el principal ejercicio de un cristiano. Tu enfoque principal debería estar siempre en Dios y en las actividades relacionadas con conocerlo a Él.

Dios mismo te mostrará las áreas de tu vida que necesitan atención. Aquellos que están rindiendo todo a Dios fielmente, sin duda, serán purificados, pulidos y perfeccionados en su tiempo oportuno.

Nuestra responsabilidad es permanecer firmes en nuestra atención o enfoque hacia Dios; de esa manera las cosas se harán con perfección.

Todo creyente puede madurar en Dios de ese modo.

Tu ajetreada imaginación te pondrá constantemente en peligro de caer en una actividad excesiva de morir al yo, pero Dios te enseñará si sigues los impulsos del Espíritu Santo.

Las recompensas de este método son grandes. Te darás cuenta de que constantemente estás confiando en Dios, y descubrirás los secretos de su poder sustentador y protector. También lograrás el resultado final de ser separado de tu naturaleza pecaminosa.

10

LA FUERZA CENTRAL

Volved a aquel contra quien se rebelaron profundamente
los hijos de Israel.
—Isaías 31:6

La conversión no es otra cosa que apartarse de uno mismo para regresar a Dios. No tiene nada que ver con la naturaleza externa de las buenas obras; la conversión se produce dentro del espíritu del hombre.

Cuando tomes la decisión de conocer a Dios, descubrirás que Él ha puesto un deseo en tu corazón de acercarte a Él continuamente; y, cuanto más te acercas a Dios, más fuerte se hace el deseo. Se vuelve natural, casi habitual, poner a Dios en el centro de tu vida.

Permíteme asegurarte que es solo por la gracia divina como podemos conocer a Dios. Nunca debemos dar por hecho que es por nuestros propios esfuerzos. No somos capaces de acudir a Dios a menos que Él haya decidido llamarnos primero. *No me elegisteis vosotros a mí, sino que yo os elegí a vosotros* (Juan 15:16).

Simplemente debes seguir los deseos de tu corazón de conocer a Dios, apartarte de la maldad de este mundo, y perseverar firme en tu caminar con Él.

Dios tiene una capacidad de atracción que te atraerá poderosamente más y más hacia Él. Y Él, al acercarse, también purifica. Así como el sol atrae agua de la tierra y el agua simplemente permanece pasiva, así también tú debes ser atraído hacia a Dios libre y voluntariamente.

Dios es nuestro centro. El centro siempre ejerce una potente atracción. Cuanto más espiritual y exaltado es nuestro centro, más irresistible es su capacidad de atracción.

Si tu espíritu ha estado unido al de Dios, caerá en el centro exacto sin ninguna otra fuerza más que el peso del amor. Cuanto más tranquilo y confiado permanezcas, más rápido avanzarás porque tu propia energía no será un estorbo.

Por lo tanto, asegúrate de dirigir tu atención hacia Dios.

No te desanimes por las dificultades que puedas enfrentar al seguir conociéndolo, pues muy pronto Él te recompensará con una abundante provisión de gracia, siempre y cuando seas fiel en regresar a Él, quien es tu centro.

De aquí en adelante *vendrá el enemigo como río, mas el Espíritu de Jehová levantará bandera contra él* (Isaías 59:19).

11

ENTRAR A LA ORACIÓN
SIN ESFUERZO

¿Has sido diligente en incorporar a tu vida de oración lo que has ido aprendiendo hasta ahora en este libro? ¿Estás sintiendo la presencia de Dios aumentar gradualmente cuando te arrodillas en oración?

¡Qué bueno! Porque pronto deberías estar disfrutando de una sensación continua de la presencia de Dios que llegará a ser natural para ti. Su presencia, al igual que la oración, deberían convertirse pronto en algo casi habitual para ti. Deberías notar una serenidad inusual que viene sobre ti en la oración.

Ciertamente es así como Dios te comunica su amor; es el comienzo de una bendición demasiado grande para poder describirla.

¡Oh, cómo me encantaría continuar con este tema y seguir compartiendo contigo el progreso que se puede hacer al experimentar a Dios a través de la oración! Pero escribo principalmente para principiantes; en el tiempo oportuno de Dios experimentarás todo lo que Dios tiene para ti.

Es importante ahora que dejes de actuar y hacer esfuerzos por ti mismo intentando experimentar su presencia. Solamente Dios puede actuar solo.

Dios le dijo a David: *Estad quietos, y conoced que yo soy Dios* (Salmos 46:10).

Nosotros, las criaturas, a veces nos obsesionamos y nos apegamos tanto a nuestras propias obras que caminamos en incredulidad a menos que seamos capaces de sentir, saber y distinguir una obra terminada.

El modo en que Dios opera, sus caminos y su prontitud son sencillamente imposibles de discernir. A medida que las obras del Creador abundan cada vez más en nosotros, absorberán nuestros propios esfuerzos.

Pareciera como si las estrellas brillan más intensamente antes de que salga el sol, y después se desvanecen gradualmente según la luz avanza. En realidad, no se han hecho invisibles; simplemente una luz mayor ha absorbido la menor.

Este es también el caso con tus propios esfuerzos en oración. Como la luz de Dios es mucho mayor, absorbe nuestros pequeños destellos de actividad. Se desvanecerán e irán desapareciendo hasta que todos nuestros propios esfuerzos para experimentar a Dios ya no serán apreciables.

He oído la acusación de algunos que llaman a esto "oración de inactividad" pero se equivocan; tal carga viene de quienes no tienen experiencia. Quienes han alcanzado la presencia de Dios en oración, renunciando a sus propios esfuerzos, son los que pueden abordar este asunto porque están llenos de luz y conocimiento.

Sin duda, los que han experimentado a Dios lo han hecho porque Dios, en primer lugar, decidió tener un encuentro con ellos. Ninguna cantidad de esfuerzos propios nos llevará a su presencia.

La llenura de la gracia acallará la actividad de nuestro yo; por lo tanto, es de suma importancia que permanezcamos tan tranquilos como sea posible.

Cuando un bebé obtiene leche de su mamá, comienza moviendo su pequeña boca y sus labios; pero una vez que su alimento comienza a fluir abundantemente, entonces él permanece bastante feliz de tragar sin ningún esfuerzo más.

Así es como debemos actuar al comienzo de nuestra oración. Mueve tus labios en alabanza y afecto; pero, tan pronto como la leche de la gracia divina fluya libremente, tómala en quietud. Cuando cesa el fluir, de nuevo remueve tu amor, así como el bebé mueve sus labios.

¡No fuerces la complejidad del yo en este hermoso acto de gracia!

¿Quién diría que podemos recibir nuestro alimento tiernamente y sin esfuerzo, así como el bebé recibe su leche? Y, sin embargo, cuanto más tranquilo permanece el niño, más alimento recibe. Puede incluso que se quede dormido mientras es amamantado.

Así es como tu espíritu debería estar en la oración: tranquilo, relajado, y sin esfuerzo.

La presencia de Dios no es una fortaleza que hay que tomar por la fuerza o con violencia. Su reino es un reino de paz que solo puede ser conquistado a través del amor. Dios no demanda nada extraordinario o difícil; por el contrario, Él se agrada mucho con una conducta como la de los niños.

Los éxitos más gloriosos obtenidos en oración son aquellos que se alcanzan más fácilmente. Si quieres alcanzar el océano, navega con un barco río abajo. Finalmente, sin esfuerzo ni trabajo excesivo, encontrarás el mar abierto.

¿Estás preparado ahora para encontrar a Dios? ¿Deseas seguir este camino dulce y sencillo? Si tu respuesta es afirmativa, encontrarás el objeto de tu destino.

Por favor, solo por una vez, prueba esta manera de orar. Pronto descubrirás que tu propia experiencia te llevará infinitamente más allá de lo que mis pocas palabras te han enseñado.

¿Qué es lo que temes?

¿Por qué no te arrojas instantáneamente a los brazos de Jesús, quien extendió sus brazos en la cruz para poder abrazarte?

¿Qué riesgo corres al abandonarte y rendirte completamente a Él?

Oh, Jesús no te engañará, sino que te otorgará una abundancia más grande de lo que nunca esperaste.

Quienes tienden hacia su propio entendimiento y esfuerzo pueden escuchar este reproche de Dios dicho por su profeta Isaías: *En la multitud de tus caminos te cansaste* (Isaías 57:10).

12

PERMANECER EN SILENCIO EN LA PRESENCIA DE DIOS

Si me has seguido durante los capítulos anteriores y has practicado los diversos métodos para experimentar a Dios, estás listo para el ejercicio más sencillo de todos.

Y es sobre cómo entrar en la presencia de Dios como describí antes, y permanecer callado.

Deberías ser consciente de la presencia de Dios continua, sin interrupciones, a lo largo de todo tu día. Tan pronto como tus ojos se cierren en oración, deberías ser bendecido por el gozo de la comunión con Él, la cual no pueden interrumpir los eventos externos.

Estar en su presencia te hará dulcemente obediente a su bondad y gracia, indiferente a toda clase de maldad. No te apresures hacia otras formas de oración cuando estés en silencio ante Dios, sino date tiempo para disfrutar su presencia y ser lleno en tu espíritu.

Mas Jehová está en su santo templo; calle delante de él toda la tierra (Habacuc 2:20).

La Palabra de Dios es esencial y eterna.

Al permanecer callado, la presencia de su Palabra en tu espíritu es de alguna manera lo que te capacita para recibirlo a Él mismo.

Tal vez, durante este tiempo de silencio es cuando Dios decide hablarte. Escuchar es un procedimiento pasivo en lugar de activo. Descansa. Descansa. Descansa en el amor de Dios. Lo único que debes hacer ahora es prestar tu atención más absoluta a su voz que susurra en tu interior.

La Escritura nos exhorta a estar atentos a la voz de Dios.

Mis ovejas oyen mi voz, y yo las conozco, y me siguen (Juan 10:27).

Estad atentos a mí, pueblo mío, y oídme, nación mía (Isaías 51:4).

Oye, hija, y mira, e inclina tu oído; olvida tu pueblo, y la casa de tu padre; y deseará el rey tu hermosura; e inclínate a él, porque él es tu señor (Salmos 45:10-11).

Olvídate de ti mismo, de tu casa y de tus ocupaciones e intereses. Solo escucha y está atento a Dios. Estos actos pasivos permitirán que Dios te comunique su amor.

Estar ocupado internamente con Dios es totalmente incompatible con estar ocupado externamente con mil trivialidades.

Deberías repetir el proceso de estar acallado internamente tantas veces como aparezcan las distracciones. Realmente no es tanto demandarnos a nosotros mismos una hora o incluso media hora de nuestro día para acallar nuestro espíritu, a fin de que el espíritu de oración permanezca con nosotros durante todo el día.

13

EXAMÍNATE A TI MISMO

En este capítulo me gustaría enseñarte cómo examinarte a ti mismo en confesión, pues el autoexamen siempre debería preceder a la confesión.

Sin embargo, en ese autoanálisis existe el peligro de que dependamos de nuestra propia diligencia, en lugar de depender de Dios, en el escrutinio hacia el descubrimiento y el conocimiento de nuestros pecados. Este examen debería ser pacífico y tranquilo.

Cuando nos examinamos a nosotros mismos en nuestras fuerzas, podemos ser engañados y traicionados fácilmente, porque el amor propio puede llevarnos al error.

Ay de los que a lo malo dicen bueno, y a lo bueno malo (Isaías 5:20).

Cuando mentimos abiertamente ante Jesús, el *Sol de justicia* (Malaquías 4:2), sus rayos divinos hacen visibles los átomos más pequeños.

Ríndete, por lo tanto, a Dios tanto en este autoexamen al igual que en la confesión.

Cuando te acostumbres a este tipo de rendición, te darás cuenta de que tan pronto como cometes una falta, Dios la reprenderá con una quemazón interna, pues Él no permite que ningún mal esté oculto en las vidas de sus hijos. La única manera de lidiar con eso es simplemente volvernos hacia Dios y aceptar el dolor y la corrección que Él nos imponga.

Como Él debe convertirse en el examinador continuo de tu alma, ya no puedes ser tú quien hace ese trabajo de autoexamen. Si eres fiel en abandonarte a Dios en esta área, tus experiencias demostrarán que la exploración mediante la luz divina es mucho más eficaz que tu propio y cuidadoso autoanálisis.

Si quieres caminar por esta senda, tengo que informarte de un asunto en el que probablemente vas a errar. Cuando comienzas a dar cuenta de tus pecados, en lugar del lamento y del remordimiento que has estado acostumbrado a sentir, ahora comenzarás a sentir tranquilidad, y el amor tomará posesión de tu espíritu.

Si no estás debidamente instruido, pondrás resistencia a esta experiencia porque hasta ahora te enseñaron que el remordimiento es algo necesario.

Sin embargo, el remordimiento genuino, infundido con el amor de Dios, sobrepasa cualquier efecto producido por un esfuerzo propio excesivo. Tu remordimiento y el amor de Dios se combinan en un acto principal para una mayor perfección que la conocida hasta ahora.

Dios actúa de esta manera tan excelente en nosotros y para nosotros. Odiar el pecado es odiarlo como Dios lo hace. Su amor más puro actúa inmediatamente en nuestro espíritu cuando lo necesitamos. Entonces, ¿por qué estás tan ansioso por actuar de modo diferente?

Pon tu confianza en Dios, y permanece tranquilo donde Él te ha puesto. Pronto te asombrarás de la dificultad que tienes para recordar tus faltas. No permitas que esto te cause intranquilidad ni por un momento, pues olvidar tus faltas es la prueba de que has sido purificado de ellas. Es mejor olvidar cualquier cosa que te preocupa para así solo acordarte de Dios.

En segundo lugar, por el hecho de que la confesión es nuestra tarea delante de Dios, Él nos mostrará nuestras faltas más graves.

Al final del examen hecho por Dios sentiremos que hemos avanzado mucho más de lo que lo hubiéramos hecho por nuestros propios medios.

Para aquellos de ustedes que han seguido diligentemente los capítulos anteriores y han comenzado a poner en práctica mis enseñanzas, les exhorto a que continúen.

Dios mismo será su recompensa.

14

DISTRACCIONES

Tal vez ahora es un buen momento para lidiar con el problema de la distracción al intentar orar. No importa cuán sincero seas en cuanto a la oración, pues llegará el momento en el que tu mente divague y parecerá imposible no distraerte.

Permíteme ofrecerte un principio importante: no te preocupes demasiado por las tentaciones o las distracciones. Al hacerlo, solo parecen aumentar su intensidad y te separan del propósito único de buscar a Dios.

Simplemente aléjate del mal y acércate más a Dios.

Si un niño pequeño teme a un monstruo imaginario, no se levanta para pelear contra él; en cambio, cierra sus ojos y se encoje en el regazo de su mamá buscando seguridad.

Dios está en medio de ella; no será conmovida. Dios la ayudará al clarear la mañana (Salmos 46:5).

Si intentamos atacar a los enemigos de nuestra alma en nuestra debilidad, seremos heridos, incluso derrotados; pero, si permanecemos simplemente en la presencia de Dios, encontraremos provisión instantánea de fuerza y apoyo.

David sabía que esta era su fuente de fortaleza. Él dijo: *Se alegró por tanto mi corazón, y se gozó mi alma; mi carne también reposará confiadamente* (Salmos 16:9).

Éxodo 14:14 nos dice: Jehová peleará por vosotros, y vosotros estaréis tranquilos.

Ten cuidado también de no permitir a tu mente pensar demasiado en tus debilidades y tu indignidad. Estos sentimientos excesivos emergen de una raíz de orgullo y un amor por nuestra propia excelencia.

Desanimarte debilita tu vida de oración, y eso es peor que tus imperfecciones en sí. Cuanto más miserable te veas a ti mismo, más debería provocar que te rindas y te abandones a Dios.

Prosigue para tener una relación más íntima con Él.

Dios mismo dijo: *Te haré entender, y te enseñaré el camino en que debes andar; sobre ti fijaré mis ojos* (Salmos 32:8).

15

LA ORACIÓN FORMAL

En alguna ocasión puede serte útil durante la oración abrir un cuaderno con peticiones escritas; sin embargo, no te lo recomendaría como una práctica habitual.

Lee un poco, lo justo para reordenar tus pensamientos, pero siempre déjalo cuando el Espíritu Santo en ti te impulse a levantar tu propia oración.

Es necesario expresar todas las oraciones. Si oras en voz alta y te resulta pesado, sigue esa inclinación interna y permanece callado en oración, a menos, por supuesto, que estés con otras personas en una situación en la que te ves obligado a orar en voz alta.

En cualquier caso, lo que quiero transmitirte es que ningún tipo de oración sea una carga para ti. No te permitas a ti mismo atarte a las repeticiones en serie; es mucho mejor ser guiado totalmente por el Espíritu Santo en oración, porque así todos los aspectos de esa oración serán completos.

No te sorprendas si los métodos anteriores de oración ya no son cómodos para ti.

Ahora, el Espíritu Santo hará intercesión a través de ti conforme a la voluntad de Dios. Él te ayudará en tus debilidades, *pues qué hemos de pedir como conviene, no lo sabemos, pero el Espíritu mismo intercede por nosotros con gemidos indecibles* (Romanos 8:26).

El diseño de Dios para nuestras vidas debe tomar el primer lugar. Deberíamos deshacernos de todas nuestras propias intervenciones para que su plan las sustituya.

Por lo tanto, permite que esta obra sea hecha en ti. No te apegues a ninguna clase de oración formal, sin importar cuán buena parezca ser; ya no es bueno para ti si te separa de lo que Dios desea.

Sacude todos tus propios intereses y vive por fe y en rendición. Es aquí donde verdaderamente la fe genuina comienza a operar.

16

ORACIÓN SACRIFICIAL

Otro ángel vino entonces y se paró ante el altar,
con un incensario de oro; y se le dio mucho incienso para añadirlo
a las oraciones de todos los santos,
sobre el altar de oro que estaba delante del trono.
—Apocalipsis 8:3

Según Juan, el discípulo amado de Jesús, la oración es incienso que sube hasta Dios. Simplemente es derramar los contenidos de nuestro corazón en la presencia de Dios. *He derramado mi alma delante de Jehová* (1 Samuel 1:15), dijo la madre de Samuel.

Cuando la calidez del amor de Dios se funde y se diluye con tu espíritu, esto causa que tu oración ascienda hasta Dios en un dulce aroma.

Una buena ilustración de esto se encuentra en el Cantar de los Cantares 1:12. La esposa dice: *Mientras el rey estaba en su reclinatorio, mi nardo dio su olor.* Este reclinatorio es la representación del centro de tu espíritu. Cuando Dios está ahí, y sabes cómo permanecer en Él, su sagrada presencia gradualmente disuelve la dureza de tu corazón.

El amado dice de su esposa: ¿Quién es esta que sube del desierto como columna de humo, sahumada de mirra y de incienso…? (Cantar de los Cantares 3:6).

Tu espíritu asciende a Dios, rindiéndose a los poderes fulminantes del amor divino.

Este es un grado de sacrificio esencial en la vida cristiana. Permitir que la voluntad de Dios, su deseo y su Palabra sean primero, da honor a la soberanía de Dios. Cuando los intereses propios han sido destruidos, has reconocido la suprema existencia de Dios en el sentido más veraz.

Para que el espíritu de la eterna Palabra pueda existir en nosotros debemos entregar nuestras vidas, puesto que Él mismo vive en nosotros.

Tal vez estas palabras que escribo te parezcan extrañas, así que permíteme referirte a la Escritura de nuevo para que puedas entender el sacrificio del yo a Dios.

Colosenses 3:3 dice: *Porque habéis muerto, y vuestra vida está escondida con Cristo en Dios.*

Esto no significa que tu cuerpo físico esté muerto, sino que, como una ofrenda sacrificial, has renunciado a ti mismo para perderte en Jesús. Entonces puedes decir junto al apóstol Juan: *Al que está sentado en el trono, y al Cordero, sea la alabanza, la honra, la gloria y el poder, por los siglos de los siglos* (Apocalipsis 5:13).

Uno de los mayores secretos para experimentar a Dios en oración es el siguiente: *Los verdaderos adoradores adorarán al Padre en espíritu y en verdad* (Juan 4:23). Esta adoración es "en espíritu" porque eres alejado de tus propios métodos carnales y humanos hacia la pureza del Espíritu en ti; y es "en verdad" porque estás en Cristo, y en Él está toda verdad.

¿Has estado orando así? ¿Has estado derramándote a los pies de Jesús en oración sacrificial? Estoy segura de que, tan pronto como comiences, te darás cuenta de que Dios te llenará de Él al instante.

Si conocieras las bendiciones que obtendrías al orar de esta manera, nunca más estarías satisfecho de orar como antes lo hacías.

Encontrar el reino de Dios es como encontrar *un tesoro escondido en un campo* (Mateo 13:44) o como encontrar *una perla preciosa* (v. 46); *es el agua viva* (Juan 4:10) y *la vida eterna* (v. 14).

Pero la verdad más hermosa de todas es que Jesús nos asegura que *el reino de Dios está entre vosotros* (Lucas 17:21). ¿Cómo es posible eso? ¿Cómo puede estar en nosotros este tesoro tan valioso?

De dos maneras; en primer lugar, cuando nos rendimos a Dios y le pedimos ser nuestro Señor, no dejando que nada se resista a su dominio, Él viene a habitar en nosotros; en segundo lugar, al tener a Dios, que es la bondad suprema, tenemos su reino en el cual está toda la plenitud de gozo.

El propósito supremo para cada uno de nosotros que conocemos a Dios es amarlo y disfrutar de su presencia.

¡Qué lástima que olvidemos la simplicidad de esta gran verdad!

17

CÓMO SER GUIADO POR EL ESPÍRITU

Ahora, me gustaría presentarte una de las metas primordiales en la oración: ser guiado por el Espíritu de Dios.

En los capítulos previos te pedí que consideraras los beneficios de permanecer en silencio ante Dios, y espero que lo hayas practicado en tu tiempo de oración. Recuerda que no significa que permanezcas pasivo e inactivo, sino que ahora la actividad en tu espíritu es dirigida por Dios mismo a través de la intervención de su Espíritu.

Pablo nos exhortaba a ser *guiados por el Espíritu de Dios* (Romanos 8:14).

El profeta Ezequiel tuvo una visión de unas ruedas que tenían dentro un Espíritu viviente. Dondequiera que el Espíritu iba, ellas iban. Ascendían y descendían según el Espíritu de vida dirigía (ver Ezequiel 1:20-21)

Nosotros, de igual manera, debemos movernos de acuerdo con el Espíritu que da vida que está en nosotros, y ser fieles y cuidadosos para movernos solamente cuando Él se mueve. Por lo tanto, tus acciones no te reflejarán a ti, sino al Creador que te hizo y desea guiarte durante toda tu vida.

Esta "actividad" de ser guiado siempre te llenará de paz. Cuando interrumpes la guía del Espíritu, siempre lo detectarás, porque te sentirás forzado u obligado. Pero cuando tus acciones están bajo la influencia del Espíritu de gracia, serán libres, fáciles y tan naturales que casi parecerá como si ni siquiera hubieras actuado.

Salmos 18:19 dice: *Me sacó a lugar espacioso; Me libró, porque se agradó de mí.*

Cuando tu espíritu está enfocado en Dios, todas las actividades que Él inicia serán nobles, llenas de paz, naturales y tan espontáneas, que te parecerá que casi no ha habido actividad en absoluto.

Por ejemplo, observa una rueda mientras gira despacio, ¿no puedes ver fácilmente todas sus partes? Pero cuando pasa ante ti rápidamente, no puedes distinguir nada.

Amado, cuando estás en el descanso de Dios, tu actividad, aunque magníficamente inspiradora, estará también llena de paz. Y, cuanto más llena de paz, más efectiva será porque es Dios mismo quien está moviendo y dirigiendo tus acciones.

Dios mismo nos acerca. Él hace que corramos tras Él.

En el primer capítulo del libro de Cantar de los Cantares, la esposa habla a su amado y dice *Atráeme* (v. 4). Nosotros también podemos decir: "Atráeme, oh, Señor, hacia ti. Tú eres mi centro divino. Tú tienes la clave de mi existencia misma, y yo te seguiré".

La atracción de Dios es a la vez un perfume para atraer y un ungüento para sanar. Sin embargo, a cada alma se le da la libertad sin restricciones de seguirlo. Dios nunca nos fuerza; en cambio, nos atrae por su presencia dulce y poderosa.

Oh, Dios, atráenos; atráenos cada vez más cerca de ti por el poder de tu dulce Espíritu Santo.

18

DEPENDENCIA DIVINA

Espero que hayas entendido el énfasis que he hecho hasta ahora en aprender a confiar en Dios, incluso para la más mínima actividad espiritual. Pero te aseguro que no es mi intención promover una existencia pasiva y perezosa. Nuestra actividad más elevada es continuar hacia una dependencia total del Espíritu de Dios.

Porque en él vivimos, y nos movemos, y somos (Hechos 17:28).

Esta dependencia sumisa del Espíritu de Dios es indispensable y necesaria, y hará que tu espíritu alcance sencillez y unidad con Dios tal y como Él lo planeó.

Al haber hablado en capítulos anteriores sobre la necesidad de ser guiados por el Espíritu, continuemos ahora para renunciar a las diferentes actividades a las que nos hemos acostumbrado en nuestra vida de oración, y entrar así en esa sencillez y unidad con Dios a cuya imagen fuimos originalmente formados (ver Génesis 1:27).

Entrar en unidad con Dios significa estar completamente unido a su Espíritu Santo. De esa manera, tenemos un único y mismo Espíritu con Él. Entonces, sin esfuerzo alguno por nuestra parte, seremos colocados en una posición en la que la voluntad de Dios obrará a través de nosotros.

¡Oh, aleluya! ¡Solo piénsalo! Cuando estamos totalmente influenciados por el Espíritu de Dios, que es extremadamente activo, sin duda nuestra actividad será más enérgica, más vibrante que nada de lo que pudiéramos haber iniciado desde nosotros mismos.

Ríndete a la guía de su sabiduría. *Y si alguno de vosotros tiene falta de sabiduría, pídala a Dios* (Santiago 1:5). Luego confía en la sabiduría que Dios te da, y empezarás a ver que tus esfuerzos dan fruto.

Todas las cosas por él fueron hechas, y sin él nada de lo que ha sido hecho, fue hecho (Juan 1:3).

Desde un principio, Dios nos formó a su imagen y semejanza. Él sopló en nosotros ese *aliento de vida* (Génesis 2:7). Esta vida debía ser simple, pura, íntima y siempre fructífera.

Sin embargo, Satanás deformó la imagen divina en nuestros espíritus a través del pecado. Ahora, a través de la Palabra de Dios, el Espíritu Santo refresca, restablece y renueva nuestro espíritu quebrado.

El Espíritu Santo es la imagen expresa de Dios Padre; por lo tanto, es necesario que solamente sea Él quien obre en nosotros. Su imagen no podría ser formada en nosotros por nuestro propio esfuerzo, por eso debemos permanecer pasivos en las manos del Hacedor.

Adopta una posición de quietud para recibir de Dios, y permanece flexible y abierto a las actuaciones de la Palabra eterna.

¿Has visto alguna vez a un pintor capaz de hacer un dibujo perfecto trabajando encima de una mesa inestable? No, estoy segura de que no lo has visto. De la misma manera en tu vida, cada movimiento del "yo" produce líneas erráticas, interrumpiendo el trabajo y estropeando el diseño de nuestro Pintor adorable.

Permanece en quietud y paz, y muévete solo cuando Jesús se mueva. En Jesús hay vida (ver Juan 5:26), y Él es quien debe dar vida a cada cosa viva.

El Espíritu dentro de la iglesia es divino. No es ocioso, ni estéril, ni improductivo. Su actividad depende solamente de Dios, quien se mueve y gobierna. Las personas que están en la iglesia son hijos espirituales que deben moverse también solamente por los impulsos del Espíritu Santo.

Las acciones producidas por principio divino son divinas; pero las acciones de las criaturas, sin embargo, por muy buenas que parezcan, son solo humanas. Cualquier virtud en ellas ocurre solo por la gracia divina.

Jesucristo nos dice que hay vida solamente en Él. La vida de todos los demás seres humanos es solo prestada. Jesús desea otorgar esta vida a la raza humana. Rechazando la vida egoísta y suprimiendo su actividad, abrirás la puerta y harás espacio para el Maestro.

De modo que si alguno está en Cristo, nueva criatura es; las cosas viejas pasaron; he aquí todas son hechas nuevas (2 Corintios 5:17).

¿Deseas que las cosas viejas sean hechas nuevas? Deja a un lado tus propias actividades para que las actividades de Dios las sustituyan.

Por naturaleza, el hombre es inquieto y turbulento. Hace pocas cosas, aunque aparenta hacer muchas. Jesús reprendió a Marta aun cuando lo que hacía parecía bueno. *Respondiendo Jesús, le dijo: Marta, Marta, afanada y turbada estás con muchas cosas. Pero solo una cosa es necesaria; y María ha escogido la buena parte, la cual no le será quitada"* (Lucas 10:41-42).

¿Qué había escogido María? El descanso, la tranquilidad y la paz. Ella había dejado de actuar para dejar que el Espíritu de Cristo actuara en ella.

Renuncia a ti mismo y a todas tus actividades, y sigue a Jesús. No puedes hacer eso si es tu propio espíritu quien te motiva.

Pablo dijo: *Pero el que se une al Señor, un espíritu es con él* (1 Corintios 6:17). David dijo: *Pero en cuanto a mí, el acercarme a Dios es el bien* (Salmos 73:28).

¿Cuáles son las ventajas de estar unido y de ser atraído cerca del Señor? Estas dos cosas son el comienzo de una unión eterna con Dios el Padre.

¿Qué podría satisfacer más a las criaturas que estar para siempre con el Creador?

19

EL ESPÍRITU SANTO EN LA ORACIÓN

Es de vital importancia para ti leer atentamente los textos de la Escritura que hay en este capítulo. Dios ha revelado a sus hijos los secretos de la oración eficaz al decirnos que Él ciertamente nos ayuda en la oración a través del Espíritu Santo.

Y si alguno no tiene el Espíritu de Cristo, no es de él (Romanos 8:9).

Para pertenecer a Jesús debemos ser llenos de su Espíritu y vaciados del nuestro.

El apóstol Pablo conocía la necesidad de la influencia divina del Espíritu en su vida. En el versículo 14 continúa: *Porque todos los que son guiados por el Espíritu de Dios, estos son hijos de Dios.* Una obra exterior divina debe tener primero una llenura interior divina.

De nuevo él dijo: *Pues no habéis recibido el espíritu de esclavitud para estar otra vez en temor, sino que habéis recibido el espíritu de adopción, por el cual clamamos: ¡Abba, Padre!* (Romanos 8:15).

El Espíritu del que Pablo hablaba no era otro que el mismo Espíritu de Jesucristo que viene a nosotros, vive en nosotros y a través de nosotros, y nos ayuda a experimentar la presencia de Dios. Su Espíritu nos da la certeza de que ya no somos hijos del mundo, sino que ahora pertenecemos a Dios.

El Espíritu mismo da testimonio a nuestro espíritu, de que somos hijos de Dios (Romanos 8:16).

¿Deseas ser uno con Dios? ¿Está tu alma hambrienta y sedienta de esta unión con Él?

Entonces, querido hijo de Dios, ríndete ahora a la influencia de este bendito Espíritu de Cristo. Recibe la verdad de la Palabra de Dios que dice que ciertamente Él te llenará por completo. Recibe con gozo el Espíritu de libertad, que solo pertenece a los hijos de Dios, y despójate del *espíritu de esclavitud* (v. 15).

Permite que tu espíritu sea hecho libre, revitalizado con entusiasmo por las cosas de Dios.

Pablo escribió de manera sencilla, para que todos entendieran este secreto vital de la oración: *Y de igual manera el Espíritu nos ayuda en nuestra debilidad; pues qué hemos de pedir como conviene, no lo sabemos, pero el Espíritu mismo intercede por nosotros con gemidos indecibles* (v. 26).

Dios habló por medio de Pablo para que no seamos ignorantes de las cosas espirituales. Él quería que supiéramos sobre la intercesión del Espíritu Santo a través de nosotros cuando oramos. No estamos solos delante de Dios. ¡Qué bendita esperanza y consuelo nos da saber eso!

Puesto que Dios sabe lo que necesitamos, y su Espíritu está dentro de nosotros, ¿no deberíamos entonces permitirle expresar esos gemidos indecibles a nuestro favor?

Jesús mismo le dijo al Padre: *Yo sabía que siempre me oyes* (Juan 11:42). Si permitimos a su Espíritu orar e interceder libremente por nosotros, también nosotros seremos escuchados siempre.

¿Por qué? Escuchemos de nuevo a Pablo, quien dominaba este secreto: *Mas el que escudriña los corazones sabe cuál es la intención del Espíritu, porque conforme a la voluntad de Dios intercede por los santos* (Romanos 8:27).

Lo que estaba diciendo es simplemente que el Espíritu de Dios solamente ora de acuerdo con la voluntad de Dios. La voluntad de Dios es que todos los hombres sean salvos y que lleguemos a ser perfectos. El Espíritu, por lo tanto, intercede por todo lo que es necesario para nuestro perfeccionamiento.

¿Por qué te cargas entonces con las preocupaciones de este mundo? ¿Por qué te agotas en la multitud de tus caminos sin nunca decir "Descansaré en su paz"?

Dios te invita a echar toda tu ansiedad sobre Él, *porque él tiene cuidado de vosotros* (1 Pedro 5:7).

Su corazón debió llenarse de profunda tristeza al mirar a su creación, que agotaba todas sus fuerzas en mil objetivos externos cuando era tan poco lo que había que hacer para obtener todo lo que anhelaba. Dios dijo: *¿Por qué gastáis el dinero en lo que no es pan, y vuestro trabajo en lo que no sacia? Oídme atentamente, y comed del bien, y se deleitará vuestra alma con grosura* (Isaías 55:2).

¡Oh, que pudiéramos conocer la bendición de "oír atentamente" a Dios! ¡Cuánto se fortalecerían nuestras almas con tal instrucción!

Calle toda carne delante de Jehová (Zacarías 2:13). Deja de trabajar arduamente en oración tan pronto como sientas el deseo del Espíritu de Dios de orar a través de ti.

Dios nos asegura que no tenemos nada que temer. Él promete cuidarnos de manera muy especial.

¿Se olvidará la mujer de lo que dio a luz, para dejar de compadecerse del hijo de su vientre? Aunque olvide ella, yo nunca me olvidaré de ti. He aquí que en las palmas de las manos te tengo esculpida; delante de mí están siempre tus muros (Isaías 49:15-16).

Después de leer estas hermosas palabras de consuelo, ¿cómo podrías volver a tener miedo de abandonarte completamente a la guía de Dios?

20

ASUNTOS DEL CORAZÓN

Una de las primeras cosas que empezarás a experimentar con estas nuevas formas de orar recientemente descubiertas, será un deseo de compartirlo con otras personas. Déjame prepararte y asegurarte que tus esfuerzos no son en vano.

Cualquiera que trabaja para la conversión de otras personas debe alcanzarlos primero por el camino hacia su corazón. Si a aquellos a quienes amas y estás testificando les presentas inmediatamente los secretos de la oración y cómo experimentar a Dios a través de la oración, te aseguro que resultará en conversiones permanentes.

Sin embargo, se encontrará poco fruto en las personas si los discípulas hacia muchos ejercicios externos y pesados para guiarlos al conocimiento de *Cristo en vosotros, la esperanza de gloria* (Colosenses 1:27).

Aquellos que son ministros deben instruir a su rebaño para experimentar la presencia de Dios en su corazón. De esta manera, el labrador en su arado tendrá una comunicación bendecida y dulce con su Dios; aunque exhausto de su trabajo su hombre exterior, su hombre interior será renovado con fuerza. Toda clase de pecado y tentación pronto desaparecerá y tú, querido ministro, tendrás personas espiritualmente enfocadas.

Una vez que te has ganado el acceso al corazón de otra persona, puedes hablar con ella fácilmente de asuntos concernientes al espíritu. Por eso Dios, sobre todas las cosas, demanda el corazón. Solamente a través de él podremos destruir los terribles pecados de la embriaguez, la blasfemia, la lascivia y el robo. Cristo Jesús reinaría así en todo lugar en paz, y la Iglesia sería renovada por completo.

La decadencia de la santidad interior es sin duda la causa de muchos pecados que han aparecido en el mundo. Todos ellos serían vencidos si la devoción interior se restableciera.

El pecado toma posesión del alma escasa en fe y oración. Si simplemente enseñáramos a nuestros hermanos y hermanas desorientados tan solo a creer y orar diligentemente en lugar de enredarlos en infinitos razonamientos, los guiaríamos dulcemente a los brazos de Dios.

¡Ay, cuán grande e indescriptible es la pérdida sufrida por el hombre que descuida su hombre interior! Los que están puestos al cuidado del alma de personas, pero no les han transmitido este secreto escondido a sus rebaños, tendrán que rendir cuentas de ello.

Algunos de ustedes se excusarán diciendo que hay peligro en estas maneras de obrar, o que las personas sencillas serán incapaces de comprender las cosas del Espíritu.

Sin embargo, la Escritura afirma: *El testimonio de Jehová es fiel, que hace sabio al sencillo* (Salmos 19:7).

¿Qué peligro puede haber en andar en los caminos de la verdad de Jesucristo, entregándonos a Él, fijando nuestros ojos continuamente en Él, poniendo toda nuestra confianza en su gracia, y rindiendo toda la fuerza de nuestra alma a su amor más puro?

Las personas sencillas están muy lejos de ser incapaces de esta perfección. Por su gentileza, inocencia y humildad están especialmente calificadas para este logro; y, al no estar acostumbradas a razonar cada detalle, son menos obstinadas en sus opiniones. Aquellos que están impedidos y cegados por su autosuficiencia ofrecen una resistencia mucho mayor a la operación de la gracia.

La exposición de tus palabras alumbra; hace entender a los simples (Salmos 119:130), dijo el salmista.

Padres espirituales, tengan cuidado de no impedir a sus pequeños acudir a Jesús. Él dijo a los apóstoles: *Dejad a los niños venir a mí, y no se lo impidáis; porque de los tales es el reino de los cielos* (Mateo 19:14). Aun el niño más pequeño puede experimentar a Dios. Jesús amonestó a sus apóstoles cuando apartaban a los niños de Él.

¡Cuántas veces hemos puesto un vendaje en nuestro cuerpo externo cuando la enfermedad está en nuestro corazón! La razón por la cual hemos tenido tan poco éxito en reformar la raza humana es que hemos lidiado con asuntos externos antes que con los internos. Si tratamos primero los asuntos del corazón, las cuestiones externas seguirán de manera natural.

Enseñar a alguien a buscar a Dios en su corazón, pensar en Él, regresar a Él cuando se aleja, y tener un enfoque único en agradarlo a Él, encamina a esa persona a la fuente de toda gracia. Allí encontrará todo lo que necesita para la santificación.

Les ruego a todos ustedes, especialmente a aquellos al cuidado de otras almas: enséñenles de inmediato los caminos de Jesucristo. No yo, sino Jesucristo mismo les llama a hacerlo por la misma sangre que Él derramó por aquellos confiados al cuidado de ustedes.

¡Oh, ustedes que dispensan su gracia, ustedes predicadores de su Palabra, ustedes ministros de sus sacramentos, establezcan su reino! Háganlo a Él la autoridad del corazón, pues es en el corazón donde tiene lugar la oposición o la sumisión.

Enseñen a los jóvenes a orar no mediante razonamiento, un método, o con el entendimiento, sino con la oración desde el corazón, la oración del Espíritu de Dios en lugar de la invención humana.

Dirigirlos a orar de maneras muy elaboradas creará grandes obstáculos. Empeñarse en enseñarles un lenguaje refinado en la oración los guiará por el mal camino.

Acudan ustedes, pobres hijos, a su Padre celestial y hablen con su lenguaje natural. Aunque pueda ser simple y rudimentario para ti, no lo es para Él, al igual que un padre terrenal se complace más si le hablan con amor y respeto desde el corazón antes que con palabras secas, vacías y elaboradas. Las emociones de amor manifiestas son infinitamente más expresivas que todo el lenguaje o el razonamiento humanos.

El hombre ha deseado amar a través de normas formales; sin embargo, ha perdido mucho de ese amor. ¡Qué necesario es enseñar el arte de amar!

No hay mejor manera para aprender a amar a Dios que simplemente amarlo.

El Espíritu de Dios no necesita ninguna de nuestras disposiciones. Cuando a Él le place, Él transforma pastores en profetas, Él abre de par en par las puertas del templo de oración, Él grita fuerte a cualquier simple: *Ven acá* (Proverbios 9:4).

Termino este capítulo con palabras del propio Jesús. Él elevó su oración al cielo y dijo: *Te alabo, Padre, Señor del cielo y de la tierra, porque escondiste estas cosas de los sabios y de los entendidos, y las revelaste a los niños* (Mateo 11:25).

21

LA META SUPREMA

Hemos viajado juntos por muchas páginas en nuestro camino hacia poder tener experiencias con Dios a través de la oración. ¿Cuál es, por lo tanto, nuestra meta suprema?

Es estar unidos a Dios en unión divina para siempre.

Sin embargo, ninguna de las cosas que he sugerido son un fin en sí mismas. Al final, lo que permanece es el hecho de que Dios es Dios. Todo lo humano y su propio trabajo, aunque sea muy noble, debe ser destruido primero.

Todos los esfuerzos, es más, la existencia misma del yo debe ser destruida. Nada se opone a Dios más que el yo. La pureza de tu espíritu aumentará proporcionalmente a medida que se deshace de su individualidad; al hacerlo, habrás adquirido la pureza y la inocencia de Dios.

Para unir dos cosas tan opuestas como la pureza de Dios y la impureza de las criaturas, la simplicidad de Dios y la complejidad del hombre, se requiere mucho más que los esfuerzos de las criaturas.

Solo una intervención del Soberano podría en todo caso conseguirlo, porque dos cosas deben tener similitud antes de poder ser una sola. La impureza de la escoria no puede unirse a la pureza del oro.

¿Cómo purifica Dios entonces? Él envía su sabiduría delante de Él como un fuego para destruir toda actividad impura. Nada puede resistir el poder de ese fuego. Lo consume todo. Para destruir todas las impurezas de las criaturas, Dios envía su sabiduría para prepararnos para la unión divina.

Para estar unidos a Dios, debes participar en su quietud infinita, o impedirás la asimilación.

Por lo tanto, tu espíritu no puede nunca llegar a esa unión divina, o llegar a ser uno con Dios, hasta que hayas sido restablecido en su descanso y pureza.

Dios purifica tu espíritu a través de la sabiduría, como las refinadoras hacen con los metales en el horno. El oro no puede ser purificado si no es con fuego, que consume todo lo que es terrenal y extraño.

La parte terrenal no puede ser convertida en oro. No, debe ser fundida y disuelta por la fuerza del fuego, para separar cada partícula extraña. Debe ser arrojada una y otra vez en el horno hasta que ha perdido toda traza de contaminación y toda posibilidad de ser aún más purificada.

Y, entonces, a causa de la pureza perfecta y la simpleza del oro, el orfebre ya no puede descubrir ninguna mezcla adulterada. El fuego ya no lo toca. Aunque permaneciera en el horno, su estado impecable no mejoraría más ni su sustancia disminuiría.

Entonces, el oro está preparado para la obra más exquisita. En lo sucesivo, si el oro apareciera oscurecido o sucio, no sería más que una impureza accidental ocasionada por el contacto con algún objeto extraño, y sería solo superficial; no hay ningún obstáculo para poder ser trabajado.

Esta oscuridad superficial sería muy diferente a su degradación anterior que estaba oculta en su naturaleza.

Parece que Dios deja en sus santos algunos defectos superficiales para evitar el orgullo, para protegerlos de la corrupción, y para esconderlos en el secreto de su presencia.

Sin embargo, no estoy hablando del pecado que nos separa de esa unión perfecta; y no creo posible que nadie saque esas conclusiones de mi sencilla ilustración.

Además, el oro puro y el impuro nunca se mezclan; el orfebre no puede mezclar escoria con oro.

¿Qué hará entonces? Purgará la escoria con fuego.

A eso se refería Pablo cuando declaró: *La obra de cada uno cuál sea, el fuego la probará* (1 Corintios 3:13). Y añadió: *Si la obra de alguno se quemare, él sufrirá pérdida, si bien él mismo será salvo, aunque así como por fuego* (v. 15).

Pablo sugirió que hay obras tan degradadas por mezclas impuras que, aunque la misericordia de Dios las acepta, deben pasar por el fuego para ser limpiadas del yo.

Es en este sentido que se dice que Dios nos examina y que juzga nuestra justicia: *Ya que por las obras de la ley ningún ser humano será justificado delante de él* (Romanos 3:20). Dios hace esto por su justicia, a través de nuestra fe en Jesucristo.

Así, la justicia y la sabiduría divinas, como un fuego devorador y sin piedad, deben destruir todo lo que es terrenal, mundano y carnal antes de que el alma pueda unirse a Dios.

Esto no se puede lograr nunca por ningún esfuerzo de las criaturas. De hecho, las criaturas siempre se someten con reticencia porque están muy enamoradas de sí mismas y muy temerosas de su propia destrucción. Si Dios no actuara en ellas de manera poderosa y con autoridad, ellas nunca consentirían.

Añadiría que, aun cuando Dios no roba al hombre su libre albedrío, el hombre puede resistirse siempre a las intervenciones divinas. Estaría en un error si dijera que Dios actúa de manera absoluta y sin el consentimiento humano.

Sin embargo, permíteme explicarme. Si el hombre le da a Dios un consentimiento pasivo, Dios puede entonces asumir pleno poder y guía total. Al principio de su conversión, el hombre le dio a Dios una rendición de sí mismo sin reservas a todo lo que Dios desea. Por lo tanto, dio un consentimiento activo a lo que sea que Dios requiera.

Pero, cuando Dios comienza a purificar, a menudo el alma no percibe que estas intervenciones son por su bien. Más bien, supone lo contrario.

Cuando al principio el oro es puesto en el horno, parece oscurecer en lugar de brillar. El alma que está siendo purificada siente eso mismo, pero percibe que la pureza se ha perdido.

Si fuese necesario un consentimiento activo y explícito, el alma difícilmente lo podría dar. No; de hecho, la mayoría de las veces no lo daría. Por lo tanto, lo que hace es permanecer firme en su consentimiento pasivo, soportando tan pacientemente como pueda todas estas intervenciones divinas.

De esta manera, Dios purifica un alma de las múltiples intervenciones originadas en sí misma que constituyen una gran desemejanza entre esta y Dios.

Este proceso de purificación puede tomar mucho tiempo, pero no tienes que desalentarte. Ríndete al Espíritu divino hasta que estés completamente concentrado en Él.

22

PERSEVERA PARA CONOCER A DIOS

Pero una cosa hago: olvidando ciertamente lo que queda atrás,
y extendiéndome a lo que está delante, prosigo a la meta,
al premio del supremo llamamiento de Dios en Cristo Jesús.
—Filipenses 3:13-14

¿No dirías que un hombre que ha comenzado un viaje ha perdido el sentido si se detuviera en su primer lugar de alojamiento, porque le han dicho que otros viajeros han disfrutado su estancia allí?

Por lo tanto, esta es mi oración para todos los que han leído este libro: persevera hasta el fin; no te detengas en la primera etapa del viaje.

No pienses que no necesitas ser activo al inicio de tu camino para conocer a Dios. Al principio, debes dar el primer paso. Cuando el Padre te llama para tener comunión con Él, debes responder a la llamada para entrar al camino estrecho.

Las primeras ayudas que recibes a la entrada del camino serán, sin embargo, perjudiciales para ti según avanzas en Jesús. Déjalas a un lado, pues te estorbarán para alcanzar el fin.

Sigue el ejemplo de Pablo, permitiéndote ser *guiado por el Espíritu de Dios* (Romanos 8:14). Él te guiará hacia tu meta suprema de disfrutar a Dios para siempre.

Aunque estoy segura de que muchos de ustedes están de acuerdo en que el disfrute de Dios es el fin para el cual fuimos creados, siento con seguridad que muchos temen e incluso evitan el proceso.

Qué extraño que muchos puedan entretener el pensamiento de que las pruebas producen mal e imperfección. ¡No es así! Lo que es enviado por Dios solo produce la perfección de su gloria en nuestra existencia presente y futura.

No seas ignorante del hecho de que Dios es el bien supremo. La bendición esencial es la unión con Él, y cada uno de los santos tendrá una gloria diferente según la perfección de esa unión.

Recuerda que no puedes generar suficiente actividad para alcanzar esta unión con Dios, porque es Dios mismo quien debe primero atraernos a Él. Después, en nuestra sencillez y pasividad, Dios continuará uniéndonos a Él de una manera hermosa.

El camino no es peligroso. No, Jesucristo lo ha transitado antes que nosotros. Esto nos ha permitido a todos transitar el camino, experimentar felicidad, y ser llamados a la comunión con Dios en ambas vidas: esta y la siguiente.

Quisiera enfatizarte mi declaración: eres llamado a disfrutar a Dios y no solo sus dones para ti.

Aunque sus dones son hermosos, no pueden traer contentamiento pleno a tu alma. Los dones más exaltados de Dios no pueden traer felicidad a menos que el Dador también se dé a sí mismo.

El deseo de nuestro Padre celestial es darse a cada criatura de acuerdo con la capacidad en la que cada uno lo recibamos.

¿Por qué entonces eres reticente a ser atraído a Dios? ¿Por qué temes la preparación para esta unión divina?

Nunca podrás pretender que has alcanzado este estado si no lo has hecho; nadie puede hacer eso. Pronto serás descubierto, así como la persona que está a punto de morir de hambre no puede pretender estar llena y satisfecha. Alguna palabra o deseo, suspiro o señal, escapará inevitablemente de ti, delatando el hecho de que estás lejos de encontrarte satisfecho.

He escrito todo esto para decirte de nuevo que no puedes alcanzar este fin por tu propio esfuerzo. No pretendería iniciar a ninguno de ustedes en eso. Solo escribo para señalar el camino que lleva a encontrar a Dios.

Te ruego que no te apegues a las comodidades del camino ni tampoco a ninguna práctica externa, las cuales deben abandonarse cuando Dios nos da la señal para avanzar.

¿No sería una cruel injusticia guiar a alguien sediento a una fuente fresca, y después atarlo para que no pueda alcanzarla y mirarlo mientras muere de sed? Pero eso es lo que hacemos cada día.

Nuestro camino hacia Dios tiene su comienzo, su progreso y su final. Cuanto más nos acercamos al final del camino, más lejos queda el principio. Debemos dejar uno para llegar al otro.

Persevera, persevera, ¡persevera para conocer a Dios!

No seas como la mayoría de los seres humanos que se enorgullecen en su propia sabiduría ciega.

Oh, qué verdad nos reveló Jesús cuando dijo: *Te alabo, Padre, Señor del cielo y de la tierra, porque escondiste estas cosas de los sabios y de los entendidos, y las revelaste a los niños"* (Mateo 11:25).

ACERCA DE LA AUTORA

Jeanne Guyon (1648-1717) fue una cristiana contemplativa y escritora. La vida contemplativa significa perseguir lo que es sagradamente oscuro o secreto, algo que está lejos de la compresión humana. Refleja la búsqueda de una vida espiritual más profunda, de una comunión y unión con el Dios omnisciente y omnipotente que también es nuestro Padre.

La señora Guyon escribía desde lo profundo de sus propias experiencias espirituales. Creció en Francia durante la época decadente de Luis XIV, fue devota a una edad temprana; pero después fue captada por la mundanalidad a su alrededor. Tras un matrimonio concertado a la edad de quince años, comenzó a interesarse cada vez más por las cosas espirituales. Durante el resto de su vida, continuó buscando a Dios con diligencia, enseñando a otros y escribiendo libros sobre la devoción cristiana. Estos libros se han convertido en clásicos cristianos.

La señora Guyon pagó un alto precio por sus opiniones y sus escritos. A lo largo de su vida sufrió varias pruebas, incluyendo persecución y prisión por sus creencias. Se usó su comentario del Cantar de los Cantares para sentenciarla a la cárcel.